BEI GRIN MACHT SICH IHR WISSEN BEZAHLT

- Wir veröffentlichen Ihre Hausarbeit,
  Bachelor- und Masterarbeit

- Ihr eigenes eBook und Buch -
  weltweit in allen wichtigen Shops

- Verdienen Sie an jedem Verkauf

Jetzt bei www.GRIN.com hochladen
und kostenlos publizieren

Bibliografische Information der Deutschen Nationalbibliothek:

Die Deutsche Bibliothek verzeichnet diese Publikation in der Deutschen National-
bibliografie; detaillierte bibliografische Daten sind im Internet über http://dnb.d-
nb.de/ abrufbar.

Impressum:

Copyright © 2017 GRIN Verlag, Open Publishing GmbH
Druck und Bindung: Books on Demand GmbH, Norderstedt Germany
ISBN: 9783668494060

Dieses Buch bei GRIN:

http://www.grin.com/de/e-book/368960/der-fitnessbetrieb-die-vorgaenge-der-
qualitaetszertifizierung-investition

Sarah Bechthold

Der Fitnessbetrieb. Die Vorgänge der Qualitätszertifizierung, Investition, Finanzierung, Produktion und Logistik

GRIN Verlag

GRIN - Your knowledge has value

Der GRIN Verlag publiziert seit 1998 wissenschaftliche Arbeiten von Studenten, Hochschullehrern und anderen Akademikern als eBook und gedrucktes Buch. Die Verlagswebsite www.grin.com ist die ideale Plattform zur Veröffentlichung von Hausarbeiten, Abschlussarbeiten, wissenschaftlichen Aufsätzen, Dissertationen und Fachbüchern.

Besuchen Sie uns im Internet:

http://www.grin.com/

http://www.facebook.com/grincom

http://www.twitter.com/grin_com

1 Qualitätszertifizierung

1.1 Personalanforderungen für gerätegestütztes Training nach der DIN 33961

1.1.1 Personaleinsatzplan

Tabelle 1: Personaleinsatzplan

Uhrzeit	Mo			Di			Mi			Do			Fr			Sa	So
	T1	T2	T3	T1	T2	T3	T1	T2	T3	T1	T2	T3	T1	T2	T3	T1	T1
7h-8h	2			-	-	-	5			-	-	-	-	-	-	-	-
8h-9h	2			-	-	-	5			-	-	-	-	-	-	-	-
9h-10h	2			4			5			5			4			-	-
10h-11h	2			4			5			5			4			1	2
11h-12h	2			4			5			5			4			1	2
12h-13h	2			4	1		5			5			4			1	2
13h-14h	2	5		4	1	3	5	3		5			4			1	2
14h-15h	2	5		4	1	3	5	3		5	2	1	4	3	2	1	2
15h-16h	1	4	5	4	1	3	3			5	2	1	4	3	2	1	2
16h-17h	1	4	5	4	1	3	3	1		5	2	1	4	3	2	1	2
17h-18h	1	4	5		1	3	3	1			2	1		3	2	1	2

18h-19h	1	4	5		1	3		3	1		2	1		3	2	-	-
19h-20h	1	4	5		1	3		3	1		2	1		3	2	-	-
20h-21h	1		5		1	3		3	1		2	1		3	2	-	-
21h-22h	1				3			3	1		2	1		3	2	-	-

T1 = Trainer 1   - = geschossen

T2 = Trainer 2   3 = Personalnummer (z.B. Nr. 3 / siehe Aufgabe 1.1.2)

T3 = Trainer 3

Es wurden nur die Trainer für die reine Trainingsfläche beachtet. Leere Spalten bedeuten, dass die Positionen nicht besetzt sind.

1.1.2 Qualifikationsstufen

Das Studio arbeitet mit insgesamt 5 volljährigen Trainern, die folgende Qualifikationen aufweisen:

- Trainer 1: Fitnesstrainer B-Lizenz (BSA)
- Trainer 2: Sportstudent im 1. Semester (keine DQR Stufe anrechenbar)
- Trainer 3: Sportstudent im 1. Semester (keine DQR Stufe anrechenbar)
- Trainer 4: Fitnesstrainer B-Lizenz (BSA)
- Trainer 5 (Bereichsleiter): Fitnesstrainer B-Lizenz, Ernährungscoach (BSA)

1.1.3 Soll/Ist-Vergleich

Berechnung der Öffnungszeiten der Trainingsfläche:

Montag bis Freitag: 2*15 Stunden + 3*13 Stunden = 69 Stunden

Samstag und Sonntag: 2*8 Stunden = 16 Stunden

Insgesamt: 69 + 16 = 85 Stunden bzw. 5100 Minuten

Soll-Wert der Trainerwochenstundenanzahl: 140 Stunden nach Vorgabe der Aufgabenstellung, da das Studio über 1500 qm hat.

Berechnung des Ist-Wertes der Trainerwochenstundenanzahl anhand des Personaleinsatzplanes: 138 Stunden

138 Stunden < 140 Stunden gem. Soll-Wert → nicht erfüllt

Bereichsleiter Trainer:
Soll: Qualifikationsstufe 4
Ist: Qualifikationsstufe 3 → nicht erfüllt

Trainereinsatz:
Soll: Mindestens 30% der Zeit (42 Stunden) müssen mindestens durch eine Qualifikationsstufe 3 abgedeckt werden.
Ist: Trainer 5 hat lediglich die Qualifikationsstufe 3.
Trainer 5: 24 Stunden → nicht erfüllt

Betreuung während der gesamten Öffnungszeiten:
Soll: Während der gesamten Öffnungszeit muss mind. ein Trainer mit der Qualifikationsstufe 2 anwesend sein.
Ist: Trainer 2 ist am Samstag 8 Stunden alleine eingesetzt und am Montag 6 Stunden.
Trainer 3 ist am Dienstag eine Stunde alleine. Beide besitzen nicht die Qualifikationsstufe 2. Außerdem befindet sich zu dieser Zeit kein Trainer mit mindestens der Qualifikationsstufe 2 im Studio. → nicht erfüllt

Die Anforderungen an die DIN 33961 werden nicht erfüllt! Die Trainer müssten eine Weiterbildung machen, damit sie weitere Qualifikationsstufen erreichen wie z.B. die Qualifikationsstufe 4 für den Bereichsleiter. Die Betreuung während der gesamten Öffnungszeiten können durch andere Trainer abgedeckt werden. Außerdem müsste die Trainerwochenstundenanzahl erhöht werden, damit man die 140 Stunden erreicht.

1.1.4 Notfallmanagement

Anzahl Trainer: 5
Anzahl Stationen für Krafttraining + Herz-Kreislauftraining: 65
GKZ: 70

Tabelle 2: Gebühren

	Jahr 1	Jahr 2	Jahr 3	Gebühren
GKZ	Zertifizierung	1. Überwachung	2. Überwachung	3. Überwachung
Bis 50	1100 EUR	650 EUR	650 EUR	2400 EUR
Anzahl zu-sätzliche GKZ	20	20	20	
Gebühren je GKZ	10 EUR	6 EUR	6 EUR	Individuell
Zusätzliche Gebühren	200 EUR	120 EUR	120 EUR	440 EUR

Gesamtgebühren: 2400 EUR + 440 EUR = 2840 EUR (ohne Unterweisung)

Brandschutzhelfer: 100 EUR pro Person bzw. 261,80 EUR pro Person

Ersthelfer: 35 EUR pro Person bzw. 40 EUR pro Person

Kosten bei 5 Trainer: 500 EUR + 175 EUR = 675 EUR bzw. 1309 EUR + 200 EUR = 1509 EUR

Gesamtgebühren: 2840 EUR + 675 EUR = 3515 EUR bzw. 2840 EUR + 1509 EUR = 4349 EUR

Diese Kosten würden zufällig anfallen, wenn jeder Mitarbeiter eine Unterweisung zum Brandschutzhelfer und zum Ersthelfer machen würde. Demnach wäre man bei einem Gesamtbeitrag von 3515 EUR – 4349 EUR. Dies würde sich je nach Anbieter unterscheiden.

1.2 Einsehbarkeit der Trainingsfläche

1.2.1 Grundriss

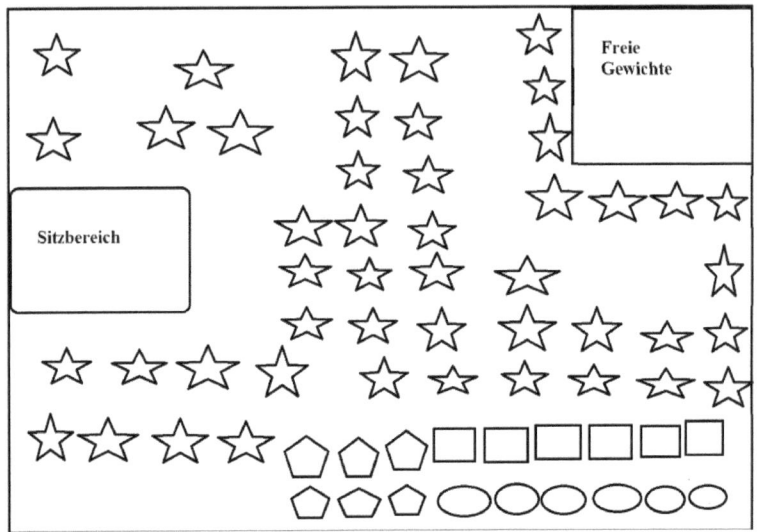

Abbildung 1: Grundriss

Legende:

Crosstrainer (6 Stück)

Fahrräder (6 Stück)

Kraftgerät (47 Stück)

Laufbänder (6 Stück)

Geräte insgesamt: 65 Stück

Abbildung 2: Legende

1.2.2 Einsehbarkeit

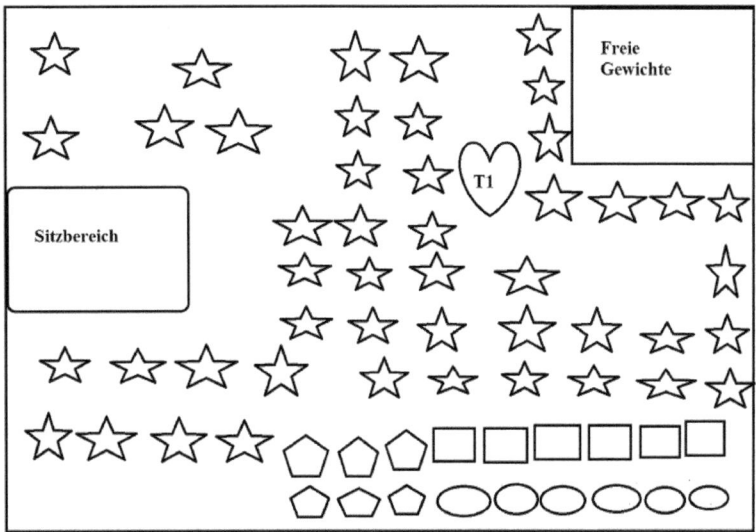

Abbildung 3: Einsehbarkeit

Der Trainer, in der Abbildung als T1, hat eine Einsehbarkeit von 100%.

2 Investition

2.1 Kapitalwertmethode

Formel zur Berechnung des Kapitalwertes:

$$K_0 = -A_0 + \sum_{t=1}^{n} (E_t - A_t)(1 + i)^{-t} + L_n(1 + i)^{-n}$$

Abbildung 4: Kapitalwertmethode

Anschaffungspreis: 70.000 EUR (Brutto)

Umrechnung auf Nettobetrag: 70.000 EUR : 1,19 = 58.823,53 EUR (Netto)

Nutzungsdauer: 4 Jahre

Liquidationserlös: 30.000 EUR (Netto)

Kalkulationszinssatz: 8%

Tabelle 3: Ein-/Auszahlungen

Zeitpunkt	T1	T2	T3	T4
Einzahlungen	28.400 EUR	29.200 EUR	32.600 EUR	29.700 EUR
Auszahlungen	12.800 EUR	16.500 EUR	19.200 EUR	21.400 EUR

Berechnung der Barwerte: Ein-/Auszahlungen * Abzinsung = Barwert

Tabelle 4: Berechnung Einzahlungen

Jahr	Einzahlungen	Abzinsung	Barwert
1	28400 EUR	$1,08^{-1}$	26296,3 EUR
2	29200 EUR	$1,08^{-2}$	25034,29 EUR
3	32600 EUR	$1,08^{-3}$	25878,93 EUR
4	29700 EUR	$1,08^{-4}$	21830,39 EUR
Summe		99039,91 EUR	

Tabelle 5: Berechnung Auszahlungen

Jahr	Auszahlungen	Abzinsung	Barwert
1	12800 EUR	$1,08^{-1}$	11851,85 EUR
2	16500 EUR	$1,08^{-2}$	14146,09 EUR
3	19200 EUR	$1,08^{-3}$	15241,58 EUR
4	21400 EUR	$1,08^{-4}$	15729,64 EUR
Summe		56969,16 EUR	

Berechnung des Liquidationserlös: Liquidationserlös * Abzinsung

30.000 EUR * 1,08 $^{-4}$ = 22.050,90 EUR

Berechnung des Kapitalwertes: Einsetzen in die Kapitalwertsformel

-58.823,53 EUR + 99.039,91 EUR − 56.969,16 EUR + 22.050,90 EUR

= 5.298,12 EUR

Die Investition wäre vorteilhaft, da der Kapitalwert positiv ist.

2.2 Interne Zinsfußmethode

Formel zur Berechnung des internen Zinsfußes:

$$r = p_1 - K_1 * \frac{p_2 - p_1}{K_2 - K_1}$$

Abbildung 5: Interne Zinsfußmethode

p1 = 6% ; p2 = 12%

Berechnung der Barwerte: Ein-/Auszahlung * Abzinsung = Barwert

Tabelle 6: Berechnung Einzahlungen 6%

Jahr	Einzahlungen	Abzinsung	Barwert
1	28400 EUR	1,06^{-1}	26792,45 EUR
2	29200 EUR	1,06^{-2}	25987,90 EUR
3	32600 EUR	1,06^{-3}	27371,59 EUR
4	29700 EUR	1,06^{-4}	23525,15 EUR
Summe		103677,12 EUR	

Tabelle 7: Berechnung Auszahlungen 6%

Jahr	Auszahlungen	Abzinsung	Barwert
1	12800 EUR	$1,06^{-1}$	12075,47 EUR
2	16500 EUR	$1,06^{-2}$	14684,94 EUR
3	19200 EUR	$1,06^{-3}$	16120,70 EUR
4	21400 EUR	$1,06^{-4}$	16950,80 EUR
Summe		59831,91 EUR	

Tabelle 8: Berechnung Einzahlungen 12%

Jahr	Einzahlungen	Abzinsung	Barwert
1	28400 EUR	$1,12^{-1}$	25357,14 EUR
2	29200 EUR	$1,12^{-2}$	23278,06 EUR
3	32600 EUR	$1,12^{-3}$	23204,04EUR
4	29700 EUR	$1,12^{-4}$	18874,89 EUR
Summe		90714,13 EUR	

Tabelle 9: Berechnung Auszahlungen 12%

Jahr	Auszahlungen	Abzinsung	Barwert
1	12800 EUR	$1,12^{-1}$	11428,57 EUR
2	16500 EUR	$1,12^{-2}$	13153,70 EUR
3	19200 EUR	$1,12^{-3}$	13666,18 EUR
4	21400 EUR	$1,12^{-4}$	13600,09 EUR
Summe		51848,54 EUR	

Berechnung des Liquidationserlös mit 12% und 6%:

$30.000 \text{ EUR} * 1,12^{-4} = 19.065,54 \text{ EUR}$

$30.000 \text{ EUR} * 1,06^{-4} = 23.762,81 \text{ EUR}$

Kapitalwert bestimmen nach der Formel aus 2.1 :

k1 = -58.823,53 EUR + 103.677,12 EUR - 59.831,91 EUR + 23.762,81 EUR

k1 = 8.784, 49 EUR

k2 = -58.823.53 EUR + 90.714,13 EUR - 51.484,54 EUR + 19.065,54 EUR

k2 = -892,40 EUR

Einsetzen in die Formel der internen Zinsfußmethode:

$$r = 6 - 8784,49\ EUR \frac{12 - 6}{-892,4\ EUR - 8784,49\ EUR}$$

r = 11,45 %

r > festgelegter Kalkulationszinswert von 8%. Das heißt, dass die Investition vorteilhaft ist.

3   Finanzierung

3.1   Finanzierung einer Photovoltaikanlage

Es gibt verschiedene Finanzierungsarten um eine Photovoltaikanlage zu kaufen.
Die externe Fremdfinanzierung wäre eine Möglichkeit. Man nimmt einen Kredit von der Bank auf. Dies könnte man auch bei der Photovoltaikanlage machen. Dies würde jedoch das Fremdkapital steigen lassen. Auch hätte man Zinsen zu zahlen.
Eine weitere Möglichkeit besteht in der internen Fremdfinanzierung. Normal werden betriebliche Umsätze dazu genutzt um zu erwartende Ausgaben zu decken. Wenn man diese nun für die Photovoltaikanlage benutzen würde, könnte es sein, dass man für die erwartenden Ausgaben nicht genügend Umsätze mehr hat. Dies kann vorkommen, da man nicht weiß, wann man und wie hoch die erwarteten Ausgaben sind und wann genau diese anfallen. Somit würde man dies in der Praxis eher nicht nutzen.
Sinnvoller ist die interne Eigenfinanzierung. Diese nutzt man, wenn man einen Bilanzgewinn hat oder stille Rücklagen. Somit kann man sich an diesen bedienen und für neue Anschaffungen ausgeben, wie z.B. für eine Photovoltaikanlage. Dies wäre die optimale Lage, da man den Gewinn für neue Anlagen ausgibt, ohne auf externe Bedingungen, wie z.B. die Bank, angewiesen zu sein.

Eine weitere Möglichkeit wäre die externe Eigenfinanzierung. Dies ist jedoch nur dann möglich, wenn man einen Unternehmensbeteiligten hat oder haben möchte, da der Geldgeber somit Teilhaber wird. Wenn man schon einen Unternehmensbeteiligten hat, wäre diese Variante auch sinnvoll.

Somit würde man in der Praxis entweder nach einem Kredit bei der Bank fragen oder sich das Geld bei einem Unternehmensbeteiligten holen bzw. es mit diesem besprechen. Optimal wäre es, wenn man die Anlage aus dem eigenen Gewinn finanzieren kann, da man so nicht auf andere angewiesen ist und die Finanzierung nicht abgelehnt werden kann.

3.2 Stellungnahme Kreditfinanzierung

Die Kreditfinanzierung stellt die klassische Form der Finanzierung dar. Wichtig für das Unternehmen ist es, dass sie die Entscheidungskriterien der Bank genau kennt und beurteilen kann, da man an die Banken Zinsen bzw. Tilgungen zahlen muss. Dies ist für ein Unternehmen uninteressant, wenn die Anlage keinen Gewinn erwirtschaftet. Somit müsste man vorher ausrechnen, inwieweit die Anlage einen Gewinn erwirtschaftet. Dazu ist es wichtig, dass man die Barwerte mit den errechneten Werten abzinst. Somit kann man mit dem Ergebnis entscheiden, ob sich eine Investition mit den Bedingungen der Bank für die Anlage lohnt.

Nachteilig ist, dass eine Bonität und auch zum Teil Eigenkapital vorausgesetzt wird. Wenn man dies nicht erfüllt, kann das Unternehmen keine Kreditfinanzierung in Anspruch nehmen.

Vorteilhaftig ist natürlich, dass der Geldeinsatz flexibel ist und man schnell an diesen kommt, sofern man den Anforderungen der Bank zustimmt und geeignet ist.

Eine andere Methode zur Kreditfinanzierung ist das Leasing. Dies wird auch immer mehr eingesetzt werden, da das Leasing das Eigenkapital und die Liquidität schont. Auch kann nach einer gewissen Anzahl an Jahren das Leasinggerät gegen ein neueres ausgetauscht werden. Somit können Fitness Studios immer mit den neusten Geräten ausgestattet sein.

Dadurch wird das Leasing immer höher angesehen. Deshalb ist die Aussage, dass die Kreditfinanzierung bei Investitionsgütern des Anlagevermögens als die einzig wahre Finanzierungsform herausgestellt hat, kritisch anzusehen. Man muss vorher abwägen, was für das Unternehmen sinnvoll ist. Danach entscheidet man sich erst für die Finanzierungsart.

4   Produktion und Logistik

4.1   Arbeitsproduktivität

Arbeitsproduktivität = Anzahl Kundenbesuche pro Tag / Anzahl Personalstunden pro Tag

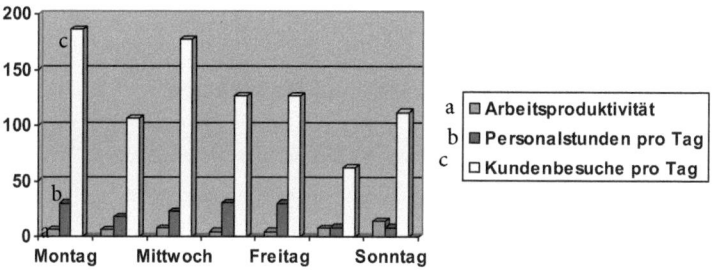

Abbildung 6: Arbeitsproduktivität

Auf der Abbildung kann man erkennen, dass am Anfang der Woche der Kundenbesuche pro Tag hoch sind und dann gegen Ende der Woche abnehmen. Man sieht auch, dass die Personalstunden nicht immer optimal für die Kundenbesuche pro Tag sind. So ist am Wochenende die Arbeitsproduktivität im Vergleich zu unter der Woche höher. Donnerstags und Freitags ist die Arbeitsproduktivität sehr gering. Um dies zu vermeiden, könnte der Betrieb die Stunden besser aufteilen. Das heißt, dass am Freitag z.B. die Personalstunden verkürzt werden, dafür am Samstag oder Sonntag erhöht. Auch ist es möglich, dass ein Mitarbeiter auf Abruf arbeitet. So würde er nur dann arbeiten, wenn er gebraucht wird.

4.2 Einbindung des externen Faktors

Der externe Faktor ist bei Dienstleistungen vorhanden sein, da ohne Kunde die Arbeits-produktivität gegen 0 geht. Der Kunde ist somit ein Abnehmer, wie auch ein Mitprodu-zent, da man auf den Kunden angewiesen ist. Im Fitness Studio geht das Arbeiten ohne den externen Faktor nur bedingt.

Dadurch ergibt sich das Problem, dass man nie weiß, inwieweit die Kunden auftauchen. Es kann vorkommen, dass das Wetter gut ist und die Kunden somit lieber draußen sind. Auch ist es ein Problem, dass nicht alle Kunden ihre Termine wahrnehmen. Daraus folgt, dass man die personellen Einflüsse nicht kontrollieren kann.

4.3 Bestandteile Abwicklungszeit und Maßnahmen

Der Ausbildungsbetrieb ist ein Fitness Studio mit den Kernleistungen Verkauf einer Mitgliedschaft und Betreuung der Mitglieder auf der Trainingsfläche.

Die Transferzeit beschreibt, wie lange der Kunde braucht um ins Fitness Studio zu kom-men. Dies beinhaltet auch die Suche nach einem Parkplatz. Um dies zu vereinfachen, da es in dem Fitness Studio nur sechs eigene Parkplätze gibt, könnte die Firma noch Park-plätze in der Garage anmieten. Somit müssten die Kunden nicht nach einem freien Park-platz suchen, was sich je nach Wochentag durchaus schwierig gestaltet. Dies hätte zu Folge, dass die Termine pünktlich wahrgenommen werden können und sich die Ab-wicklungszeit somit verkürzt.

Außerdem gibt es noch die Vor- und Nachbereitungszeit. Diese Zeit wird vor oder nach der eigentlichen Dienstleistung vollbracht. Da in dem Ausbildungsbetrieb mit Kunden-karten und automatischen Check-In/Out gearbeitet wird, ist dies kein Problem.

Ein Problem dagegen stellt die Zeit der Nutzleistung dar. So kann es vorkommen, dass ein Termin, für den eine Stunde vorgesehen ist, überzogen wird. Dies führt teils zu Ver-zögerungen. Behoben werden kann dies, indem man ein besseres Zeitmanagement hat und darauf achtet, dass der Termin maximal eine Stunde geht.

Das größte Problem ist die Wartezeit. Wenn der Termin nicht kommt oder keiner einge-tragen ist, entstehen oftmals Wartezeiten bis zum nächsten Termin. Diese kann man überbrücken, indem man z.B. die Termine überbelegt, da man weiß, dass manche Kun-den ihre Termine nicht wahrnehmen. Falls jedoch alle Termine dann erscheinen wür-den, hätte man noch einen Verkäufer, der mit aushelfen könnte. Eine andere Methode wäre es, wenn man in der Wartezeit sich Arbeit sucht und z.B. seine Geräte putzt. Eine andere Alternative wäre es, wenn man weiß, dass für einen Tag keine Termine anstehen und man überbesetzt ist, dass ein Team Promotion auf der Straße macht.

5 Literaturverzeichnis

Bildungsnetz Rhein-Main. (2017). Zugriff am 01.04.2017 unter www.bildungs-netz-rhein-main.de/?mode=seminar&submode=detail&seminar=429605

Dekra Akademie. (2017). *Brandschutzhelfer/-in Erstschulung.* Zugriff am 01.04.2017 unter www.dekra-akademie.de/de/seminat-detailseite/?key=74292.562.68.01.01481

DRK Frankfurt. (2017). *Erste Hilfe für alle Zwecke.* Zugriff am 01.04.2017 unter www.drkfrankfurt.de/index.php/erste-hilfe-lehrgang.html

Elsner, H. & Gencer, T. (2008). Leasing als attraktive Alternative zur Kreditfinanzierung für den Mittelstand. In M. Goeke (Hrsg.), Praxishandbuch Mittelstandsfinanzierung. Mit Leasing, Factoring & Co. unternehmerische Potenziale ausschöpfen (1. Aufl.). Wiesbaden: Gabler.

Maltester Frankfurt. (2017). Zugriff am 01.04.2017 unter http://www.malteser-frankfurt.de/kurs-schnellsuche/kurse/info/Erste_Hilfe_Ausbildung_11599.html?cHash=a1f1ab-d0e9e70fdd4599fe469226154f

6 Abbildungs- und Tabellenverzeichnis

6.1 Abbildungsverzeichnis

6.2 Tabellenverzeichnis